# Jour du Souvenir au Canada

11/11

Écrit par
**David James Pallister**

Illustré by i Cenizal

**Jour du Souvenir au Canada**

Copyright © 2018 par David James Pallister

Tous droits réservés. Aucune partie de cette publication ne peut être reproduite, distribuée ou transmise sous quelque forme ou par quelque moyen que ce soit, y compris photocopie, enregistrement ou autres méthodes électroniques ou mécaniques, sans l'autorisation écrite préalable de l'auteur, sauf dans le cas de courtes citations dans les critiques et certains autres usages non commerciaux autorisés par la loi sur le droit d'auteur.

Le symbole du Coquelicot est une marque déposée de la Légion royale canadienne, Direction nationale et est utilisée sous licence.

Tellwell Talent
www.tellwell.ca

ISBN
978-0-2288-0442-0 (cartonné)
978-0-2288-0441-3 (souple)

*À Pierre, qui soutient toujours
mes projets artistiques.*

**Le Jour du Souvenir**, au début novembre, est une journée importante pour les Canadiens. Nous avons choisi cette journée pour prendre le temps de nous souvenir de tous les hommes et de toutes les femmes qui se sont battus pour le Canada. Il est important de se souvenir de tous ceux qui ont travaillé si fort pour garder le Canada libre et en sécurité.

**Le coquelicot** fait partie du Jour du Souvenir. C'est une fleur qui poussait sur les champs de bataille et les tombes des soldats de la Première Guerre mondiale. Nous le portons pour nous souvenir des hommes et des femmes qui sont morts en protégeant le Canada lors de guerres.

**La couronne de fleurs** fait partie du Jour du Souvenir. C'est une décoration ronde que nous plaçons sur les monuments lors des cérémonies du Jour du Souvenir.

**Le clairon** fait partie du Jour du Souvenir. Le clairon est un instrument de musique semblable à une trompette. C'est une tradition de longue date de la Grande-Bretagne d'interpréter, avec le clairon, deux chansons, *La Sonnerie aux Morts* et le *Réveil*, lors des cérémonies du Jour du Souvenir.

**Les soldats** font partie du Jour du Souvenir. Ce sont les hommes et les femmes des Forces armées canadiennes qui ont combattus dans les guerres pour assurer notre sécurité.

**Les anciens combattants** font partie du Jour du Souvenir. Ce sont les hommes et les femmes qui ont combattu dans les guerres et ont survécu, revenant à la maison avec leurs tristes souvenirs de batailles.

**Le cénotaphe** fait partie du Jour du Souvenir. C'est un monument qui se trouve dans la plupart des villes canadiennes. Les noms des hommes et des femmes canadiens qui sont morts dans des guerres ou des batailles sont inscrits sur ces monuments.

**La feuille d'érable** fait partie du Jour du Souvenir. Il marque les tombes des soldats canadiens morts en Europe pendant la Première et la Deuxième Guerre Mondiale.

**Le Monument commémoratif de guerre du Canada** fait partie du Jour du Souvenir. C'est un monument spécial à Ottawa, la capitale du Canada. Les gens viennent de partout au Canada pour le voir et se souvenir de ceux qui sont morts pour assurer la sécurité du Canada.

**La Chapelle du Souvenir** fait partie du Jour du Souvenir. C'est dans une section des édifices du Parlement appelée « Tour de la Paix », à Ottawa, en Ontario. Les gens s'y rendent toute l'année pour remercier les hommes et les femmes qui ont donné leur vie pour le Canada.

**Les Livres du Souvenir** font partie du Jour du Souvenir. Ils sont situés dans la salle commémorative de la Tour de la Paix à Ottawa. Dans les livres, il y a les noms des Canadiens qui sont morts en protégeant le Canada lors des guerres, afin que nous puissions rester libres.

**Le numéro onze** fait partie du Jour du Souvenir. La Première Guerre Mondiale s'est terminée à la onzième heure du onzième jour du onzième mois en 1918 et a été appelée le Jour de l'Armistice. Ce jour et cette heure (11h00 le 11 novembre) ont été choisis par le gouvernement canadien pour le Jour du Souvenir. Nous prenons du temps chaque année pour nous souvenir de tous ceux qui ont participé aux guerres pour assurer la sécurité du Canada.

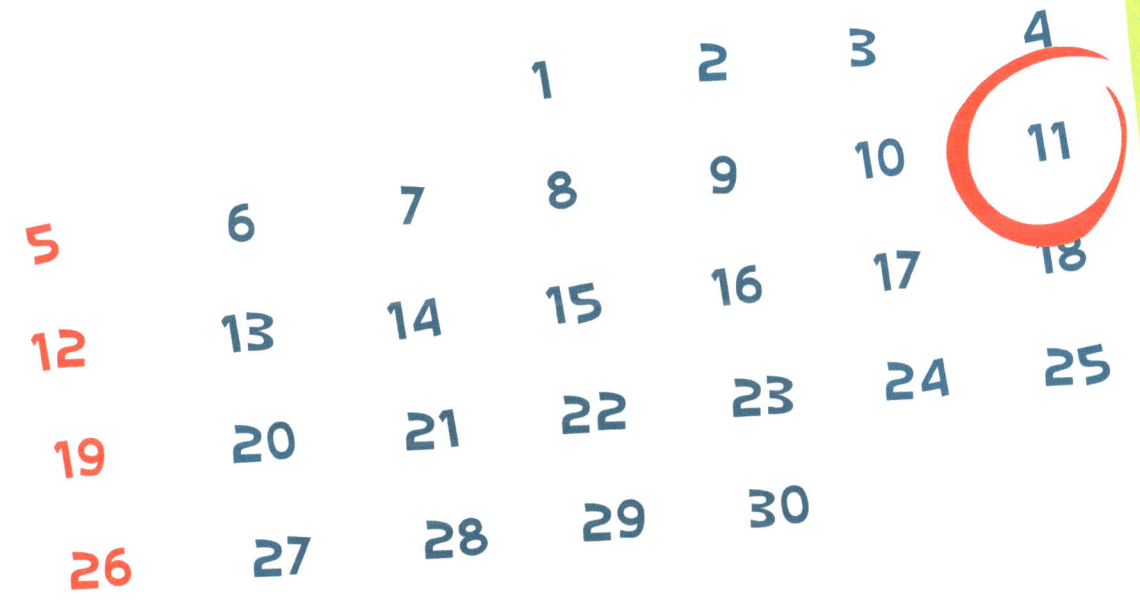

**Les discours** font partie du Jour du Souvenir. Lors des cérémonies du Jour du Souvenir, des politiciens importants et d'autres personnes partagent des histoires, parlent de la paix et remercient les soldats et les anciens combattants pour leur service au Canada.

**Deux minutes de silence** font partie du Jour du Souvenir. Le Jour du Souvenir, les gens s'arrêtent à 11h00 pour prendre le temps de penser à ceux qui ont donné leur vie pour le Canada.